삶을 멈춰 봐요

삶을 멈춰 봐요

이 기 송 첫 시집

머리말

내 인생에서 시집을 낼 수 있다면
얼마나 좋을까 하는 생각과
그 길은 어떤 길인지
궁금해서 도전했습니다.

"시인이 되기 전에 사람이 되어라."
라는 말씀으로 시작한
박종규 교수님의 가르침과
가족들의 격려와 응원에
힘입어 쓰게 된 시입니다.

걸음마 단계에서 시집을 낸다는 것이
큰 부담도 되었건만 용기를 내었습니다.

어려운 어휘나 낱말을 사용해 쓴 시가 아닌
일상생활에서 보고 느끼고 경험한 일들을
평소에 사용하는 말로 쓴
나의 생활 시입니다.

저와 같이 공감할 수 있었으면 좋겠습니다.
감사합니다!

2023년 끝자락
이 기 송

차 례

머리말/ 4

제1부 추억 속의 선물/ 11

딸 바보/ 13
길고 긴 여행/ 14
아빠는 마법사/ 16
동반자/ 18
추억 속의 선물/ 20
순진한 사랑/ 22
결혼기념일/ 24
나를 생각하게 만든 시간/ 26
삶을 멈춰 봐요/ 28
그때 알았다/ 30
변덕쟁이/ 32
소중한 사람이고 싶다/ 34
파김치가 되었다/ 36
최고의 아들/ 38
여행 계획/ 40
해봄이/ 42

제2부 사라진 시간/ 45

부모님/ 47
아버지/ 48
어머니/ 50
사라진 시간/ 52
고향이 좋다/ 54
추억의 종착역/ 56
아버님 사랑/ 58
부모님 사랑/ 60
여덟째/ 62
가족 모임/ 64
도토리묵 한 접시/ 66
주름만 늘었다/ 68
노부부의 사랑/ 70
이웃사촌/ 72
여고 동창/ 74

제3부 함께 만드는 길/ 77

초록의 종착역/ 79
매미의 일생/ 80
산딸나무/ 82
찔레꽃/ 84
춘장대에 가면/ 86
건강한 흙/ 88
함께 걷는 오솔길/ 90
뒷산 오솔길을 걸으며/ 92
함께 만드는 길/ 94
선한 농부 같은 꽃/ 96
들장미 생각/ 98
청초한 가을 들꽃들/ 100
가을에 떠날 님/ 102
낙엽을 쓸다/ 104
눈이 내리면/ 106
내민 손/ 108

제4부 치맥의 사랑/ 111

달력 한 장/ 113
지하철/ 114
작은 생선/ 115
메아리/ 116
손/ 117
발/ 118
뻥튀기/ 120
속 편하게/ 122
똥 글자/ 124
멸치/ 126
막걸리 한 잔/ 127
소주 예찬/ 128
치맥의 사랑/ 130
혼합 혼술/ 132

제5부 마음의 탈피/ 135

시 수업/ 137
달력을 넘기며/ 138
내비게이션/ 140
마음의 상처/ 142
목욕탕에서/ 144
보고픈 친구/ 146
끊을 수 없는 인연/ 148
마음의 탈피/ 150
서러운 마음/ 152
마음의 전환/ 153

맺는말/ 154

제1부 추억 속의 선물

딸 바보
길고 긴 여행
아빠는 마법사
동반자
추억 속의 선물
순진한 사랑
결혼기념일
나를 생각하게 만든 시간
삶을 멈춰봐요
그때 알았다
변덕쟁이
소중한 사람이고 싶다
파김치가 되었다
최고의 아들
여행 계획
해봄이

딸 바보

비싸게 굴던
뽀뽀를 한다

콧소리도 섞여 있다
겉과 속이 다르다
검은 속내가 보인다

알면서도
새콤달콤하다

아빠가 넘어갔다
지갑 문이 열린다
성공이다!

딸 입이 함지박이다
발그스름한 볼이
한 입 깨물어 주고 싶다

길고 긴 여행

아무것도 할 수 없음에
무기력하다
그저 기도만 하고 있다

별별 생각이 다 스쳐 지나간다
그동안의 긴 여정
잘못한 일들만 떠오른다

왜 안 끝나지
제발 도와주세요 주님!

아무것도 할 수 없음에
간
절
히
기도한다

긴 여행 마치고
돌아온 모습을 보니
이렇게 예쁠 수가
이렇게 멋질 수가
이렇게 사랑스러울 수가

마음 다치지 않게
몸 지치지 않게
좋은 것만 볼 수 있게
마음 편안할 수 있게

남은 생이 행복했으면 좋겠습니다
사랑합니다!

아빠는 마법사

아빠는 마법사인가 보다

한 집안 이끄는 가장
한 여자 사랑하는 남편
사랑스러운 아이들의 아빠
삶이 고단하지 싶다

때마다 이벤트 해주고
구주 오신 날엔 산타 할아버지
은퇴하려 하지만 정년이 없단다
너무 유능했나 보다

까만 머리엔
어느새 흰 눈이 내려앉은 듯
듬직하던 몸집도 작아진 듯
안쓰러운 마음 가득하다

언제나 싱글벙글
넓은 가슴으로 안아 주는
아빠는 마법사 같다

동반자

수줍음 많던 어린 시절에 만나
사랑을 키웠습니다

혼인 서약 맺던 그날의 약속
지키며 살았습니다

없이 시작한 살림
일으키느라 고생하여도
서로 위하고 아껴주며
예쁜 아들딸들 낳고
행복하게 살았습니다

내가 아파 힘들 때도
곁을 지켜 주며
날 위해 주던 사람!

나의 영원한 동반자
바로 당신입니다
사랑합니다!

추억 속의 선물

둘이 떨어질세라
꼭 안고 있다

참 사랑스럽다
선물이란다

자신의 몸을 불태워
세상 밝히는 초란 다

무슨 뜻으로
내 손에 들려져 있지

흔들리는 눈빛
뜨거운 가슴
주르륵 흐르는 눈물

내 마음이 바람 앞에서
흔들리는 촛불 같다

그렇게 둘이는
너와 내가 아닌
우리가 됐다

순진한 사랑

시골 처녀 서울살이 할 적
순진하단 말이 이런 걸까요
손잡으면 결혼하는 줄 알았습니다

인연이란 게 이런 걸까요
헤어질 듯 고비 끝에
결혼해 보니 손잡은 것
아무것도 아닌 걸 알았습니다

여러 사람 만나봐야 결혼도 잘해
말하지만 순진한 사랑도
행복하단 걸 알았습니다

모르니 다툴 게 많았을까
모르니 따질 게 많았을까
모르니 비교할 게 많았을까
사는 세상이 전부인데 뭘 더 바랄까

서로 만나 세월 흐르니
애틋한 마음이 절로 자리를 잡습니다
이게 사랑이겠지요

결혼기념일

하늘도 축복해 주려는 지
하얀 눈이 내린 축복 결혼식

이젠 누구 것도 아닌 내 거
꿈처럼 행복했던 신혼 생활

쏜살같이 흘러간 세월
벌써 32주년
검은 머리가 파뿌리 되려고 한다

한 번도 잊지 않고 준비해 줘
받았던 멋진 이벤트들

신랑에게 선물 아직 내 거라고
목매는 목도리

많은 부분 이해해 주고
서로 아끼며 산 세월
고맙고 감사하다

나를 생각하게 만든 시간

난 누구지

내가 없다
오로지 가족 이야기뿐이다
나만의 이야기가 없다

난 어디로 갔지

바쁘게 살다 보니
난 보이질 않는다

나를 찾으라고 힘들면 쉬어가라고
내 인생이 잠깐 쉬었다

멍청이처럼
바보처럼
나만 생각한 시간들

쉼이 끝나고
다시 시작한 인생

나만의 이야기도 만들어 보리라
다짐했다

이제부터 시작이다

내가 하고 싶었던 것
다 해 보리라

삶을 멈춰 봐요

쉴 줄 모르고
바쁘게만 살아온 삶
달리기만 할 때는 보지 못했던 것들
멈춰 보니 볼 수 있었어요

시냇물이 흐르며 부르는 노랫소리
나뭇잎에 사랑 고백하는 바람 소리
밤하늘에 수놓은 별들의 속삭임
멈춰 보니 들을 수 있었어요

언제나 바쁘게만 살아야 한다고
생각했어요
짊어진 짐 내려놓고
잠시 삶을 멈춰 보았어요

새벽의 신선한 공기 들이켜며
삶을 여행하듯 음미해 보고
우리가 서로에게 어떤 존재인지
나는 무엇을 하고 있는지
생각할 시간을 가져보니
얻어지는 것도 많았어요

하지만 살아가야 할 삶이 남아있어
너무 오랫동안
멈추지는 않았지요

그때 알았다

"해도 안 해도 일 년입니다"
그럼, 왜 하지
뭘로 단정 짓지
하느님만이 아시지
담대해지려 했다

또다시 시작된 고통
"뭘 바라세요"
이런 가시 또 있을까
전문도 아닌 보조면서
부정해 보려 했다

몇 번에 고비
아이들 불러 놓고
아닐 듯 스치듯
살짝살짝 말하다 끊긴 말
강이 되어 주르륵 흐른다

사랑의 힘인가
지극 정성의 힘인가
끊길 듯 말 듯 고비 넘기니
"오래 살겠어 기적입니다"

슬플 때 흐르는 강보다
기쁠 때 흐르는 강이
더 넓게 흐르는 걸
그때 알았다

변덕쟁이

시 공부 시간
세 번째 만남
반가운 얼굴 정겹다

즐거운 시 공부 시간이지만
아 어렵다
이건가 하면 저거고
저건가 하면 이거고
뭐지
내 안에 욕심이 들어왔나 보다

다른 시는 어른
내 시는 어린아이

답답한 마음에
바쁘신 교수님 시간 빼앗았다

내 안에 욕심이 도망갔나 보다

기분이 좋다
내가 제일 어리다
잘 쓰지 않아도 된다
그냥 많이 쓰는 거야

이랬다
저랬다
내 맘이 변덕쟁이 같다

소중한 사람이고 싶다

바닥에 내려놓지도 못하고
닦고 또 닦고 애지중지
떼어 놓지 못한다

편하게 들고 다닐 수 있으면 되지
굳이 왜 묻혀 살지
별로 관심 없는 듯

아이들이 독립하면
사 드리겠다는 말에
행복 느끼는 걸 보니
좋아했었나 싶다

명품처럼 귀하고 소중하게
대접받을 수 있었으면
물건보다 사람이 더
대접받는 세상이었으면

인생을 명품으로 만들어
귀하고 소중하게 대접받는
사람이고 싶다

파김치가 되었다

이 나이 되도록
지금까지 혼자서
김장
해본 적이 없었다

어머님께서 해마다
시누이께서 몇 해
올해
처음으로 담갔다

준비하는데
우왕좌왕
배추 무 갖가지 김치 담그고
몸은 파김치가 되었다

그동안
얼마나 힘드셨을지
큰 사랑
받았음을 느낀다
참 행복한 사람이었다

최고의 아들

네가 세상에 태어날 때
아빠 엄마만 아이를 낳은 것처럼
세상을 다 갖은 것처럼
행복했다

마음이 여리고 착해서
동생들도 잘 보살펴 주고
똑똑해서 학교 우등생
우리 가족 자랑이다

뭐든지
잘 알아서 할 거라고
믿지만
하고 싶은 일 해서
행복하길…

세상은 넓고
할 일도 많으니
여행도 많이 다니고
여러 가지 경험해 보길…

사랑하는
우리 아들 최고!

여행 계획

어디론가
떠나는 여행
생각 속에 상상의 나래를 펼친다
공항에 도착하기도 전에
마음은 벌써 여행지에 가 있다

유학 중인 딸
가이드해 주겠다는 말에
여행 계획 세우며
비행기 타고 하늘을 날고 있다

가슴 설레게 하는 여행
나이 더 먹기 전에
걸어 다닐 수 있을 때
많이 다녀 보려 한다

바쁜 일상
뒤로 미뤄 놓고
딸도 볼 겸
가족 여행 계획 중이다

여행은
덤이 딸려 온다

해봄이

막둥이 어렵다던 시험 합격
다른 건 다 필요 없고
선물로 강아지 키우고 싶다고
졸졸 따라다니며 애걸복걸

공주처럼 아기처럼
키우겠다고 다짐 받고
데려온 강아지
작고 조그마한 게 귀엽다

봄에 찾아온 햇살 같은 존재
해봄이라고 이름 지었다
엄마 떨어져서인지 파르르 떨며
안기니 안쓰럽고 애틋하다

일 보고 돌아오면 제일 먼저
반갑다고 펄쩍펄쩍
꼬리 흔들며 재롱떠는 모습이
사랑스럽다

천방지축이어도 좋다
건강하고 튼튼하게 자라
우리와 오랫동안 함께 하자
해봄아!

제 2 부 사라진 시간

부모님
아버지
어머니
사라진 시간
고향이 좋다
추억의 종착역
아버님 사랑
부모님 사랑
여덟째
가족 모임
도토리묵 한 접시
주름만 늘었다
노부부의 사랑
이웃사촌
여고 동창

부모님

하늘과 땅이시고
바다이시고
세상이셨습니다

행복이시고
즐거움이시고
사랑이셨습니다

늘 가슴속에
사랑으로
자리 잡고 계십니다

추억 속에 그리움으로 남아
아쉬워 눈물짓게 하는
사랑이십니다

아버지

나 어릴 적
큰 사랑 가르쳐 주신
이름만 들어도 가슴 먹먹해 오는
사랑

평생 되새겨도 좋은 사랑
아무리 불러 봐도
끝없는 영원한 그리움

사랑이 너무 커서
어떤 말로도 표현할 수 없는
가슴에 고이 간직한 사랑

다 큰 딸 바라보시며
"울 애기…"
평생 사랑 느끼며 살아왔어요

아버지
감사합니다
사랑합니다

어머니

애지중지
아끼시던 쌍가락지
막내딸 눈에 밟혀
"이건 네 거여"
손에 꼭 지위 주던 사랑

세상살이
힘겨워할까
이런 얘기 저런 얘기
세상을 가르쳐 주셨지요

추억 속에
그리움으로 남아
눈물짓게 만드는 사랑
그 말씀 새기고 새깁니다

어머니
감사합니다
사랑합니다

사라진 시간

아버지 손잡고
과수원에 배 사과 사러 가면
세상 부러울 게 없었던 시절

서울에 갔던 언니 오라버니
집에 오면
어머니 음식 솜씨 자랑하는 날
상다리 부러질까 행복했던 시절

자식들 오면 웃음꽃 피고
가면 쓸쓸한 마음 달래려
논밭 한 바퀴 돌고 오시면
눈가가 촉촉하신 아버지

음식 곡식 바리바리
싸 주고도 더 줄 게 없나
찾으시는 어머니

밤이면 친구들과 강강술래
카세트 틀어 놓고
노래하고 춤추고

추석이 되면
되살아 나는 추억들
그때가 그립습니다

고향이 좋다

어릴 적
행복했던 추억
간직하고 떠나온 고향
자주 찾아갈 수 없어서
더 그리운 고향

내 고향
서천에 가면
부모님께서 반겨 주신다
언제 가도 똑같은 모습으로
포근히 따뜻한 품 내어 주신다

두 분 금슬 좋으신 건 알았지만
일 년을 사이에 두고
흙 베개 삼아
이불 삼아
나란히 누우셔서 맞이해 주신다

동구 밖까지 나오셔서 맞이해 주셨으면
아쉬운 마음 갖게 하지만
흙 베개 삼아
이불 삼아 누워 계셔도
부모님 계신 고향이 좋다

추억의 종착역

학창 시절 방학만 하면
연례행사처럼
가슴 설레며 올라왔다

서울역이 종착역이어서 좋았다
타기만 하면 종점에서 내리니
편하게 올 수 있었다

눈치 없는 시누이 미울 만도 한데
눈살 한 번 찌푸리지 않고
예쁜 옷 선물 맛난 음식
그저 좋았다

오빠 언니 말씀도 못 하시고
또 방학인가 싶어
얼마나 신경 쓰이고 힘드셨을지
살림 살아 보니 느낀다

그때를 떠 올리면
기분이 좋고 행복하다
언니께서도 그때가 행복했다고
말씀해 주셔서 늘 감사하다

아버님 사랑

신혼 시절
아버님 팔짱 끼고 거닐며
"아버님,
부모님 안 계셔서 반대하지 않으셨어요?"

"누구나 겪는 일이고
그것이 네 잘못도 아닌데 왜 반대하니?"
잡았던 팔 더 꽉 잡았습니다

큰 소리만 나도
"아가 놀랬지?"
밭에서 일 같이 해도
"아가 힘들지?"
큰 사랑 주셨지요

뵙고 올라오는 길
헤어지기 아쉬워 소리 죽여
눈물짓던 생각 납니다

이 나이 먹도록
그때 그 감동
잊지 않고 잘살아 보렵니다

아버님
감사하고 사랑합니다

부모님 사랑

부모님 댁 전화드리면
쌀 김치 있는지가
밥 굶을까 걱정

김장 때가 되면
고구마도 같이
벌써 택배 아저씨 인사

음식을 해도
두 식구 얼마 못 드신다고
바리바리 싸서 나눠 주셨다

주셔도 주셔도 모자란 지
창고 냉장고 열었다 닫았다
부모님 사랑은 끝이 없다

이젠
행복한 추억으로
간직해야 하는 상황이
너무 아쉽기만 하다

아버님 어머님
감사하고 사랑합니다

여덟째

산속 골짜기 담은 돌담
멀기도 멀어 제주도에
온 줄 알았다

아홉 남매 중 여덟째
여덟 남매 중 여덟째
천생연분 잘 만났다

부인이 예쁘면
처갓집 말뚝에 절한다 했던가
서로 그런 마음

가족들 만나는 날
어릴 적 소풍 가기 전날처럼
설레며 기다렸다

마당에서 고기 굽고
부엌에서 전 부치고
추억 만드느라 분주했다

그때를 떠 올리면
미소가 절로 지어진다
구 남매 파이팅!

가족 모임

부모님 댁으로
둘째 시숙님 댁 이사
오랜만에 가족 모임 했다

시끌벅적 인사 나누고
갖가지 맛난 음식
추억의 장소라서 더 좋았다

까치밥은 남기고
따라시는 형님 말씀 듣고
대나무에 꼬챙이 끼워
감 단감 몇 바구니 따 왔다

수확의 기쁨도 나누고
한바탕 웃을 수 있어서
행복하고 좋았다

가족 모두 건강하게
오랫동안 행복한 추억
만들 수 있길 바라본다

도토리묵 한 접시

떨떠름하고 씁쓰름한 맛
탱글탱글 부드럽고 사르르 녹는
도토리묵 한 접시

갖은 양념장 얹으면
한 접시 뚝딱이다

좋아한다고
스르르 밀어주시면
둘이 먹다 혼자 남아도 모를 맛
접시가 바닥을 드러낸다
돌아올 땐 한 덩이 챙겨 주신다

도토리 키재기라고
고만고만한 게 작아서
주우시려면 여러 번
구부렸다 폈다 힘드셨을 텐데
좋아한다고 묵까지 쑤어 오신다

가족들 먹이고픈 사랑이지만
손 시림 달래려 입김 부는 날에
다람쥐 배고픔 달래 줄
식량 놓고 오셨단다

주름만 늘었다

젊어서 자식 키우고
살림살이 꾸려 가느라
정신없이 살았다

세월은 쏜살같이 흘러
내 젊음 어디 가고
주름만 늘었다

삶의 훈장인가
삶의 고달픔인가

젊어서 고생 사서도 한다기에
열심히 살았더니
파 뿌리 되고 주름만 늘었다

이제 해보고 싶었던 것
해보려 하니
몸이 따라오질 못한다

노부부의 사랑

서로 위해 주며
다정하게 손잡고
걸어가시는 노부부
애틋하시다

서로 믿고 의지하며
걸으시다 바라보시는
그윽한 눈빛 사랑
가득하시다

누가 뭐라 해도
허허허
웃으실 것 같은 인상
욕심 없이 살아오셨을 것 같다

언제나
다정하신 모습
흐뭇한 미소가 지어지고
닮고 싶다는 생각이 든다

이웃사촌

멀리 있는 친척보다
가까이 있는
이웃사촌이 낫다고
서로 의지하며 살았다

그 집의 밥그릇에
수저까지 몇 개인지
알 정도로 가까웠고
집안 사정도 속속들이 알았다

요즈음 이웃사촌
얼굴도 잘 모르고
엘리베이터 안에서 만나면
인사 나누는 정도다

힘든 일이 생겨도
도움 청하기보다
해가 안 되면 다행이다

서로 소통하고
배려할 수 있는
따뜻한 정이 넘치는
이웃사촌이었으면 좋겠다

여고 동창

학창 시절 추억 더듬어 가며
친구들 이야기
뜬눈으로 밤을 새운다

무엇이든 함께 하며
이야기꽃 피우면
접시가 들썩인다

오랜만에
어쩌다 만나도
자주 만나도
반갑게 맞이해 주며
눈가에 웃음이 떠날 줄 모른다

만나기만 해도 스트레스 풀리는 듯
한마디라도 더 하고 싶어
시간 흐르는 게 야속하다

세월이 흘러도
서로 만나면 반갑고
위로되는 친구이고 싶다

제3부 함께 만드는 길

초록의 종착역
매미의 일생
산딸나무
찔레꽃
춘장대에 가면
건강한 흙
함께 걷는 오솔길
뒷산 오솔길을 걸으며
함께 만드는 길
선한 농부 같은 꽃
들장미 생각
청초한 들꽃들
가을에 떠날 님
낙엽을 쓸다
눈이 내리면
내민 손

초록의 종착역

초록이 자취를 감추고
기억이 멀어져 간다

힘없이 매달려 있다가
짧은 비행으로 내려온다

이리저리 뒹굴다가
밟히고 사라져 간다

한세상 살고 가는
인생의 종착역 같다

매미의 일생

작은 체구에
힘차게 우는 소리
나 이 세상에 나왔다고

어두운 지하 터널 뚫고
밝은 세상으로 나왔다고

나를 바라봐 달라는 듯
소리소리 지르고 있다

얼마 못 살고 가는 생
왜 이리도 고달플까

안간힘을 쓰고 있는 모습
사랑스러워야 할 텐데
안쓰럽기까지 하다

매미는
그렇게 가고 없다
박제된 채 남아있다

산딸나무

하얀 드레스 입은 신부처럼
순수하고 순결한
하얀 꽃

십자가
숨어 있는 듯
네 잎 클로버 닮은 듯

꽃잎 하나둘 지고 나면
감미로운 맛
새빨간 열매
산딸기 닮아 산딸나무

열매도 다 내주는 나무
바람도 새들도 쉬어 간다

찔레꽃

산비탈 돌밭 모퉁이에 피어
크고 통통한 새순 나오면
꺾어 먹던 추억의 꽃

길가에 피고 지는
그 흔하디흔한 민들레꽃만큼
순수하고 소박했던 친구 같다

하얀 고무신 벗어 놓으시고
이랑에 엎드려 김매시던
어머니 그립게 하던 찔레꽃

결코 좋은 곳 고집하지 않고
모진 고통 어려움 이겨내며
하얀 꽃을 피우는 찔레꽃

화려하거나 우아하지도 않은
소박하고 순수한 찔레꽃 피는
고향 산천 그립다

춘장대에 가면

내 고향 서천 춘장대에 가면
아카시아 해송이 숲을 이뤄
시원한 그늘 있어서 좋다

잔잔한 파도와 넓은 모래사장
두 개의 풍차와 조형물
이국적 분위기 물씬 풍긴다

천천히 바닷가 거닐면
조용히 오고 가는 파도 소리
자장가처럼 편안하게 해준다

한 쌍의 갈매기 거니는 모습
청춘 남녀 데이트하는 모습 닮아
흐뭇한 미소 절로 지어진다

매일매일 다른 모습으로
펼쳐지는 노을 진 낙조 보며
추억과 낭만 만들 수 있어 좋다

건강한 흙

연둣빛 신록이 가득하고
봄이 잘 익어 가면
볍씨 담가 못자리 만드신다

아낙네들 봄나물 캐고 뜯고
말려서 자식들 챙겨 주고
남은 나물 시장에 팔러 나오신다

밭에 나가 풀 뽑고 돌 캐내고
지렁이 친구 되어
농사일 준비하시느라 바쁘시다

건강한 흙에서
생겨남과 활발한 생기
생명의 움직임
쇠함과 사라짐 보며
사계절을 알아챌 수 있다

지렁이
흙 속으로 돌려보내며
적은 소유로 만족하고
몸 마음 건강
지킬 수 있기를 서원해 본다

함께 걷는 오솔길

우린 저마다 오솔길처럼
가슴에 길 하나 내고 있다
자기에게 주어진 길 아니고
함께 만들어 가는 길이다

산토끼와 다람쥐 햇살 받던 길
새들도 놀고 별님도 쉬었다 가는 길
맑고 고운 꿈 함께 숨 쉬는 오솔길
거닐고 싶다

누가 만들어 준 길이 아닌
혼자 만든 길도 아닌
함께 만들어 가는 오솔길
걷고 싶다

함께 만들어 갈 길 위해
발자국 꾹꾹 밟으면서
오솔길 걷고 있다

뒤에 걸어올 다른 사람
위해서 말이다

뒷산 오솔길을 걸으며

생사를 넘나들던 어느 날
맨발로 걸으면 좋다 해서
박새 노래하는 뒷산 오솔길
걸었었다

뒷산에 오르면
땀 냄새가 풀 향기에 취하고
스크령과 질경이 방긋 웃으며
나를 반겼다

산책하듯 유유자적 걷다
생각도 못 한 곳에서
꽃 한 송이 만나면
반가움은 극치였다

맨발에 느껴지는
흙의 부드럽고 차가운 느낌
신선하고 건강한 생명력
온몸으로 전달됨을 느꼈다

건강해지고 있음을 느끼며
자연의 품속만큼 편안하고
조건 없는 사랑 줄 수 있게
삶을 건강하게 지켜야겠다

함께 만드는 길

가끔 어디론가 훌쩍 떠나고 싶다
햇살 바람 친구 삼아
인적 없는 곳에서 서성이고 싶다

풀 섶에 숨어 있는 길
인간사 모두 잊고 서성이고 싶다
지금의 나가 아닌
다른 나를 찾기 위해서…

새와 벌레들 그리고 바람
움직이는 소리
듣다 보면 깨우침이 되어
또 다른 세상으로 안내한다

자연의 조화와 질서 속에서
혼자 만든 길이 아닌
함께 만들어 가는 길
걸어가라는 깨우침 받는다

혼자 아니고 함께 조화 이루며
나 아닌 다른 사람을 위한 길
함께 만들어 걸어가야겠다

선한 농부 같은 꽃

이른 봄이 되어
크고 굵은 새순 나오면
사람들은 가만히 놓아두질 않았다

좋은 곳 자리하지 않고
언덕배기나 덤불 수북한 작은 개울가에
하늘 구름 바람 벗 삼아 피는 하얀 찔레꽃

온갖 고난과 설움 속에서 약해지지 않고
분노도 하얗게 승화시킨
선한 농부 같은 꽃

화려하거나 우아하지도 않고
욕심내어 꺾어 가지도 않는
소박하고 순수한 찔레꽃

고향 떠나온 사람들에겐 고향의 꽃
한 움큼 꽃병에 꽂아두면 잊힌 이들이
찾아와 줄 것만 같다

들장미 생각

꽃대만 올려보내도
나를 맞이 할 준비하고
뾰족이 봉우리만 맺게 해도
모두 싱글벙글 예쁘다 했다

내가 요염한 자태로 피어나면
내 향기와 화려한 미모에 취해
아름다운 미소와 기쁨에
휘청거렸다

꽃잎 하나둘 지고
낙엽 되어 뒹구는
꽃잎들 아쉬워
한두 송이 애써 피워도
왠지 찾아주는 이 없다

적막한 길에
조명등만 반짝거리며 돌아가고
스산한 바람과 별빛만
친구가 되어 준다

청초한 가을 들꽃들

옷깃 여미는 가을
산과 들 이곳저곳에
지천으로 피는 들꽃들

바람이 흔들고 지나가면
수줍은 듯 은은하게 풍기는 향기
고향 생각에 가슴 설레게 한다

고향 산천에 가면
흔하게 볼 수 있는 꽃
순수하고 청초한 들꽃들

어쩌다
한 아름 꺾어다 꽂아 놓으면
청초함과 향기에 취해 시끌벅적
고향 친구들 생각난다

반가운 고향 친구가
찾아와 줄 것만 같아
한 아름 안고 집으로 향한다

가을에 떠날 님

굽이굽이
깊은 산속
고이고이
간직하고
어느 님 기다리실까

연지곤지 찍고
꽃분홍 치마 입고
노오란 저고리 입고
꽃신 신고
어느 님 기다리실까

곱게 치장한 수고스러움도
몰라 주는 어느 님
한 달도 못 되어 떠날 님
그리워는 하실까

낙엽을 쓸다

낙엽 하나둘
길가에 뒹굴고
밤은 으슥한데
집에 갈 생각이 없다

떨어지는 낙엽 보며
낭만에 젖어
발길 멈춰졌나 보다

새벽녘 길가에 낙엽 수북이
바람과 신나게 한 판 놀았나 보다
놀고 난 뒷시중 들어야 하는데
귀찮고 힘이 든다

나무 흔들어 보고
센 바람 불어보지만
돌아서면 또 떨어진다
언제쯤 다 떨어질까

비와 친구라도 맺으면
난 결별하고 싶어진다
누군 낭만을 말하지만
뒷시중 들어야 하는 사람은
힘든 일이 된다

눈이 내리면

함박눈 내려 쌓이면
뒷산 언덕 우리들의 놀이터
포대 하나 있으면 우리들의 세상

별다른 놀잇감 없어도
밖에만 나가면 온통 놀이터
뛰고 또 뛰고
신나는 놀이를…

서로 경쟁할 줄도 모르고
이익도 챙기려 들지 않는
순수하고 철부지 같았던 친구들

눈이 내리면
추억 속 친구들 생각에
마음 설렌다

내민 손

창밖에
눈발 휘날리고 있다
내려앉기도 전에 사라져 간다

반가워
손 내밀어 보지만
잡기도 전에 사라진다

어쩌다
잡히기라도 하면
얼굴 바꿔 버린다

잡힐 듯 잡힐 듯
잡히지 않아
허무함에 발길 돌리게 한다

밤새
함박눈 내려 쌓이면
내민 손 꽉 잡아줄까

하늘은
잔뜩 찌푸린 회색빛
하얀 눈이 토닥여줄 것만 같다

제 4 부 치맥의 사랑

달력 한장
지하철
작은 생선
메아리
손
발
뻥튀기
속 편하게
똥 글자
멸치
막걸리 한 잔
소주 예찬
치맥의 사랑
혼합 혼술

달력 한 장

열두 장이 어느새 한 장
새로운 사계절이 인사합니다

세월 빠른 건 알았지만
시작인가 하면 끝입니다

서운함도 잠시
새로운 시작이겠지요

언제나 같은 듯하지만
다른 시작 꿈꿔 봅니다

지하철

언제나 그 자리 그 시간
많은 이를 기다리고 있다

행복 슬픔 사랑 즐거움 모두 담고
열심히 달리고 있다

오늘은
무슨 사연들 꽃을 피울까
훈훈해서
행복해서
웃을 일이 많은 하루였으면 좋겠다

작은 생선

멸치!
이름만 들어도 정겹고
어머니의 사랑 기억나게 한다

학창 시절 도시락 반찬 일등
정성과 사랑이 듬뿍 들어 있다

볶음 찌개 국수 등…
몸집도 작은 것이 열 일하는
난 네가 좋다

메아리

언제나

사랑해
네가 최고야
넌 잘할 수 있어
너밖에 없어
네 곁에 내가 있잖아
난 언제나 네 편이야

이 세상 좋은 말
전부 소리치고 싶다
메아리 되어 내게 돌아오라고

내가 힘들 때
위로되는 말
무엇이 또 있을까

손

마술사인가 보다

글 쓰고
그림 그리고
요리하고
청소하고

바쁜 시간 보냈다고
보상으로
크림 한 줌

무엇이 좋은지
그날이 그날인 데도
불평도 없이

늦은 시간 두 손 모아
오늘 하루 감사 기도 드린다

발

내가 원하면
어디든 데려다준다

어떤 길도
마다하지 않고
불평 한마디 없다

언제나
기다려 주고
동행해 주지만
아무 말 없이
지켜만 보고 있다

가끔은
아닌 길 갈 때
불평이라도 해주면 좋으련만
그저 해죽이 웃고만 있다

내가 선택한 길
내 책임이라는 듯

동행해 주면서 가끔은
물어 봐주면 좋겠다
이게 최선이냐고

뻥튀기

동네 꼬마 하나둘
모두 모여 잔치하는 날

동네 어른 하나둘
보리 옥수수 한 되씩 들고나오면
동네잔치 열린다

"뻥이요"
놀라
귀 막고 쪼그리고 앉아

한 되가
한 말 두 말

사랑 가득
즐거움 가득

고소하고 달콤한 뻥튀기
꼬마들 손에 뻥튀기 한 줌
세상 부러울 게 하나도 없다

속 편하게

내 피부 거칠다고
내 향기 '별로'라고
얕보지 말아요

나를 만나야
건강하고 행복하게
살 수 있지요

못 보면
얼굴 찡그리고
사촌이 땅이라도 샀는지
배 움켜잡고 뒹굴게 되지요

약속 지켜 잘 나와 주고
잘 만나 주어야
속 편하게 살 수 있어요

못생기고 볼품없어도
잘 대접해 주어야
속 편하게 살 수 있어요

똥 글자

혹시
그거 아세요

아이들이 처음
한글 배울 때
똥 글자 제일 좋아해요

제일 먼저 알고 싶어 하고
제일 먼저 쓰고 싶어 해요

못 볼 거라도 본 듯
좋아서 깔깔깔
즐거워서 키득키득
너무너무 좋아해요

웃고 또 웃고
수업 시간이 즐거워요

멸치

몸집 작아도
집집마다 터줏대감

쓰이는 데 많아
사랑도 독차지

작은 몸집으로
욕심도 많다

막걸리 한잔

해물 듬뿍 사랑 한 줌
해물파전 한 접시
막걸리 부른다

식탁 위에
오손도손
이야기꽃 피운다

하루 일 마치고
편안한 쉼 기대하며
한 잔 들이켠다

소주 예찬

갖은양념 조화 이루며
배추 무 곱게 물들이면
돼지가 따라온다

보쌈엔 소주가 최고라고
예찬론을 펼친다

굴까지 들어간 김치
보쌈 위에 올라가면
환상의 궁합
소주가 절로 넘어간다

힘겨움도 모두 잊을 만큼
얼떨떨해지고 기분이 좋다

세상사 정신 바짝 차리고
살아야 한다 하지만
이 순간만큼은
기분 좋게 취하고 싶다

치맥의 사랑

소개팅시켜 주려는 지
옷 벗기더니
마사지 팩 붙여주고
때라도 불리려는 듯
온탕에 넣어 준다

수많은 생사의 갈림길
온탕 들어갔다 나오니
모두 반겨준다

환호성에 정신 차려 보니
갑자기 짝이 맥주란다
어이가 없다
치맥이라고 이름까지…

모두 즐거워하고
발그스름한 얼굴로
우릴 유혹한다

오늘 하루도
힘겨웠을 테니
살짝 넘어가 줘야겠다

혼밥 혼술

복잡하고 바쁜 현실 속에서
사회생활 하고 있다

나름대로 맡은 일에
최선 다하지만
상사 선배 눈치
동료 후배 배려
때론 승진까지
산다는 게 쉽지 않다

뭐니 뭐니 해도 머니가 최고라 했던가
목구멍이 포도청이라 했던가
쫓다 보면 힘겨워
가끔 혼자이고 싶다

누구한테
눈치 보지 않고
배려하지 않고
신경 쓰지 않아도 되니
가끔 혼밥 혼술이 좋다

제 5 부 마음의 탈피

시 수업
달력을 넘기며
내비게이션
마음의 상처
목욕탕에서
보고픈 친구
끊을 수 없는 인연
마음의 탈피
서러운 마음
마음의 전환

시 수업

시작인가 했더니
어느새 끝,
또 다른 시작이다

달력을 넘기며

2023년 이제 딱 두 장
시작한 지 엊그제 같은데
다 뜯겨 나가고 두 장만 남았다

봄 여름 가을 겨울 다 품고
하나씩 보내느라
수고도 많이 했다

눈 한 번 감았다 뜨면
하루 한 달 일 년
빨리도 흘러 벌써 마지막 달
마지막 계절 맞이하려 한다

가는 세월 잡을 수도 없으니
크리스마스트리 만들고
구세군 종소리 울리면
올 한 해 다 가겠지

내비게이션

모르는 길도 척척
빠른 길도 척척
잘도 알려 준다

옥구슬 굴러가는 목소리
가고자 하는 길
잘도 안내해 준다

내 인생길도
행복하고 좋은 길로
안내해 주었으면

내가 가고 있는 길
잘 가고 있는지
너를 믿고 나를 맡기고 싶다

내 마음
안내해 주는
내비게이션 없을까

마음의 상처

가시 돋아 있는 말투
찔리면 주르륵 피가
흐를 것 같다

다치고 베인 상처보다
가시 돋은 말로 입은 상처가
더 아프게 한다

생선 가시보다
말의 가시가
더 큰 상처를 입힌다

사랑의 세레나데로 착각하고
살아 보려 해도
마음 더 아프게 한다

다치고 베인 상처
시간이 흐르면 낫지만
말로 입은 상처
시간이 흘러도 낫지 않는다

목욕탕에서

너나 나나 똑같은 모습
가진 것도 없고
든 것도 모르니 그저 좋다

온탕 냉탕 오가도
할 거라곤 몸매 자랑 밖에
없으니 그저 좋다

빈손으로 왔다가
빈손으로 가는 인생

뭐 하나라도
더 갖겠다고 싸울까
뭐, 자랑할 게 있다고 말할까

뜨끈한 온탕에 몸 담그니
노근하게 몸 풀어 주고
하루 피로 풀어 주어서 좋다

내
속마음까지
풀어지는 듯하다

보고픈 친구

학교 등하굣길도 함께
어려운 일,
사소한 일도 함께
만나면 시간 가는 줄도 모르고
이야기했었다

서로 객지에 나와
연락이 끊긴 지 오래되어
어디에 살고 있는지
너무 궁금하고 보고 싶다

머릿속에서 떠나질 않는다
서천 여고 전교 회장
꼭 만나고 싶다
친구야!

끊을 수 없는 인연

누가
무슨 말 해도
진실인 줄 알았습니다
내 마음이 그러했으니까요

얼마쯤
지나고 보니
거짓인 걸 알았습니다
내 마음이 아팠으니까요

믿음
다시 생길 수 있길
간절히 기도했습니다
내 마음이 떠날 수 없을 테니까요

마음의 탈피

살아가면서 사람들과 부딪치며
마음의 상처 입어
고통스러워하기도 했다

인간사 원망도 생기고
시빗거리도 생기고
아픈 상처도 생겼다

아픈 만큼 성숙해진다고 했던가
폐가 찢어지는 듯한 고통
죽음의 위험도 감수하며
곤충들이 탈피를 통해 성장과 변화
과정 보니 인간사와 닮은 것 같다

상처받은 마음의 껍질
원망과 욕심의 껍질 벗어 버리고
새 마음
새 각오
새 용기로
새롭게 살아가고 싶다

서러운 마음

곱고 곱게 싹 틔우고
푸르름 자랑하게 만드니
힘들다고 모두 뿌리치고
떠나려 한다

마지막 인사라도 하듯
곱게 치장하고 찾아와
짝 만나 떠나려 준비하는
아이처럼 떠나려 한다

세상에 걸음 되고 보탬 되라고
보내려 하는데 가슴 한편
먹먹해져 오는 서러움 달래려
보랏빛 포도주 향에 묻어 본다

마음의 전환

마음을 좁히면
사람 하나도
품지 못하지만

마음을 넓히면
넓은 우주도
다 품는다

맺는말

나만의 시집
한 권
세상에 나온다니
감회가 새롭습니다.

정말 내가 할 수 있을까?

의구심을 갖고 시작했지만
많은 분들의 격려와 응원에
힘입어, 해 낼 수 있었습니다.

무엇인가 도전한다는 것이
두렵기도 하지만
해볼 만한 가치가 있었습니다.

내가 걷고 있는 길이 아닌
다른 길로 안내해 주기도 해서
도전하길 잘했다고 생각합니다.

시 수업 끝나고 시집이 나왔지만
이제 또 다른 시작입니다.

감사합니다.

2024년 새해 첫날
시인 이 기 송

삶을 멈춰 봐요

초판 인쇄	2024년 01월 15일
초판 발행	2024년 01월 18일
지은이	이 기 송
발행처	다담출판기획 TEL : 02)701-0680
	서울시 영등포구 영신로30길 14, 2층
편집인	박 종 규
등록일	2021년 9월 17일
등록번호	제2021-000156호
ISBN	979-11-985728-6-8 03800
가격	14,000원